BEI GRIN MACHT SICH
WISSEN BEZAHLT

- Wir veröffentlichen Ihre Hausarbeit,
  Bachelor- und Masterarbeit

- Ihr eigenes eBook und Buch -
  weltweit in allen wichtigen Shops

- Verdienen Sie an jedem Verkauf

Jetzt bei www.GRIN.com hochladen
und kostenlos publizieren

Bibliografische Information der Deutschen Nationalbibliothek:

Die Deutsche Bibliothek verzeichnet diese Publikation in der Deutschen National-
bibliografie; detaillierte bibliografische Daten sind im Internet über http://dnb.d-
nb.de/ abrufbar.

Impressum:

Copyright © 2017 GRIN Verlag, Open Publishing GmbH
Druck und Bindung: Books on Demand GmbH, Norderstedt Germany
ISBN: 9783668557505

Dieses Buch bei GRIN:

http://www.grin.com/de/e-book/378132/vor-und-nachteile-des-einsatzes-von-
unternehmensinternen-social-media-anwendungen

Nena Schwarz

Vor- und Nachteile des Einsatzes von unternehmensinternen Social-Media-Anwendungen

GRIN Verlag

GRIN - Your knowledge has value

Der GRIN Verlag publiziert seit 1998 wissenschaftliche Arbeiten von Studenten, Hochschullehrern und anderen Akademikern als eBook und gedrucktes Buch. Die Verlagswebsite www.grin.com ist die ideale Plattform zur Veröffentlichung von Hausarbeiten, Abschlussarbeiten, wissenschaftlichen Aufsätzen, Dissertationen und Fachbüchern.

Besuchen Sie uns im Internet:

http://www.grin.com/

http://www.facebook.com/grincom

http://www.twitter.com/grin_com

Vor- und Nachteile des Einsatzes von unternehmensinternen Social-Media-Anwendungen

Seminararbeit

Angefertigt im
berufsbegleitendem Studiengang
Bachelor of Arts / SS 2017

Themenausgabedatum: 10.04.2017
Themenabgabetermin: 10.07.2017

Inhaltsverzeichnis

Abbildungsverzeichnis

III

Abkürzungsverzeichnis

Abb.	-	Abbildung
bspw.	-	beispielsweise
bzw.	-	beziehungsweise
et al	-	et alii (und andere)
f.	-	folgende
ff.	-	fortfolgende
ggf.	-	gegebenenfalls
o.ä.	-	oder ähnliches
o.g.	-	oben genannt
S.	-	Seite
u.a.	-	unter anderem
vgl.	-	vergleiche
z.B.	-	zum Beispiel

1 Einleitung

Social-Media-Anwendungen wie Facebook, Twitter, Youtube & Co. werden schon seit einigen Jahren im privaten Umfeld zur Kommunikation erfolgreich eingesetzt. Auch für die Unternehmen ist Social Media immer wichtiger und wird daher zum größten Teil für externe Zwecke wie z.B. Marketing erfolgreich angewendet. Für viele Unternehmen steht hier also der Kontakt zum Kunden oder zum Lieferanten im Vordergrund.

Allerdings steckt hinter Social Media noch viel mehr Potenzial, welches von Unternehmen noch eine viel zu geringe Aufmerksamkeit bekommt. Es handelt sich hier um die *unternehmensinterne* Anwendung von Social Media. Der Einsatz von Social Media innerhalb des Unternehmens, der auch unter dem Begriff „Enterprise 2.0" bekannt ist, kann Unternehmen völlig neue Möglichkeiten bieten. Die Einsatzgebiete reichen vom Informationsmanagement, Kollaborationsmanagement über Kommunikationsmanagement bis hin zum Netzwerkmanagement. Neben einiger Vorteile die sich durch den unternehmensinterne Gebrauch ergeben, sollten allerdings dringend auch die Nachteile dieser Social-Media-Anwendungen Berücksichtigung finden.

Aufgrund dieser Überlegungen wird die Autorin nun im Rahmen dieser Arbeit die folgenden Forschungsfragen beantworten: (1) Welche Vorteile ergeben sich durch die Anwendung von unternehmensinternen Social-Media-Anwendungen? Und (2) Welche Nachteile ergeben Sich durch die Anwendung von Social-Media-Anwendungen im Unternehmen?

Die vorliegende Seminararbeit verfolgt somit das Ziel, die Vor- und Nachteile des internen Einsatzes von Social-Media wie Social Networks, Wikis, Social Bookmarking, Weblogs/ Microblogs und Instant Messaging im Unternehmen aufzuzeigen und gegeneinander abzuwägen.

Um dieses Ziel zu verfolgen wird die Autorin nach der Einleitung in Kapitel 2 die theoretischen Grundlagen in Bezug auf das o.g. Thema darlegen. Dazu wird zunächst der Begriff „Social Media" definiert und anschließend in Kapitel 2.2 auf die möglichen unternehmensinternen Social-Media-Anwendungen detailliert eingegangen. Im weiteren Verlauf werden dann die Vor- und Nachteile in Bezug auf den Einsatz von Social Media im Unternehmen ausführlich erläutert. In Kapitel 5 folgt die kritische Würdigung, in der die aufgezeigten Vor- und Nachteile gegeneinander abgewogen werden. Den Abschluss dieser Arbeit bildet das Fazit.

2 Theoretische Grundlagen

2.1 Was ist Social Media?

Der Begriff Social Media, zu Deutsch Soziale Medien, ist weltweit bekannt. Doch was genau wird unter diesem Begriff Verstanden? Der Begriff Social Media hat seinen Ursprung im Social Web, zu Deutsch „Soziales Internet". Der wichtigere Teil des Begriffs ist das Wort „Social". „Social" stammt von dem lateinischen Wort „socius" ab und bedeutet „gemeinsam, verbunden, verbünden". Genau das macht Social Web aus. Menschen verbinden sich miteinander, solidarisieren sich und teilen Informationen und Inhalte.[1]

Grundsätzlich sind Social Media also alle Plattformen die Internetnutzer verwenden, um untereinander zu kommunizieren oder auch um miteinander arbeiten zu können. Es besteht sogar die Möglichkeit, dass sich einzelne Internetnutzer mithilfe von Social Media zu Gemeinschaften verbinden können.[2]

Soziale Medien existieren nun schon seit ca. 20 Jahren. In diesem Zeitraum haben sich schon einige Gruppen von unterschiedlichen Anwendungen gebildet. Zum einen gibt es Anwendungen auf denen die Nutzer nur wenige Informationen von sich selbst preisgeben. Im Gegenteil dazu gibt es allerdings auch Plattformen auf denen Nutzer ganz Bewusst viele Informationen von sich preisgeben wollen. Zudem haben sich außerdem Gemeinschaften, häufig auch „Communities" genannt, gebildet. In diesen Communities können die Nutzer Inhalte wie Fotos und Videos teilen und austauschen.[3]

Anhand dieser Erläuterungen lässt sich bereits erahnen, wie groß der Anwendungsbereich von Social Media sein kann. Besonders Unternehmen möchten mithilfe von Sozialen Medien profitieren und beispielsweise auf Plattformen wie z.B. Facebook für das Unternehmen werben. Wie bereits in der Einleitung erwähnt, gibt es im Vergleich zur externen Anwendung allerdings einiges an Potenzial bei dem Einsatz von Social Media im Unterneh-

---

[1] Vgl. Bärmann (2012), S. 20.; Vgl. Treem/Leonardi (2016), S. 144 f.
[2] Vgl. Geißler (2010); Vgl. Petry/Schreckenbach (2013), S. 238.
[3] Vgl. Geißler (2010)

men. Daher wird die Autorin im Nachfolgenden Kapitel 2.1 detailliert auf die verschiedenen unternehmensinternen Social-Media-Anwendungen und deren Potenzial eingehen.

2.2 Unternehmensinterne Social-Media-Anwendungen

Unternehmensinterne Social-Media-Anwendungen wurden im Jahr 2006 erstmals von McAfee unter dem Begriff „Enterprise 2.0" geprägt. McAfee versteht somit unter Enterprise 2.0 den Einsatz von Social Media innerhalb des Unternehmens bspw. für die Zusammenarbeit in Projekten oder für die Unternehmenskommunikation.[4] Es geht bei Enterprise 2.0 allerdings nicht alleine um die Anwendung von Social Media. Enterprise 2.0 steht vor allem auch für die Veränderung der gesamten Unternehmensstruktur bzw. Unternehmenskultur.[5]

Anhand der vorliegenden Literatur lassen sich u.a. vier Arten von unternehmensinternen Social-Media-Anwendungen feststellen. Zur Veranschaulichung dieser Anwendungen und derer Einsatzmöglichkeiten dient zunächst die nachfolgende Abbildung.

Abb. 1: Unternehmensinterne Einsatzmöglichkeiten der Social-Media-Dienste

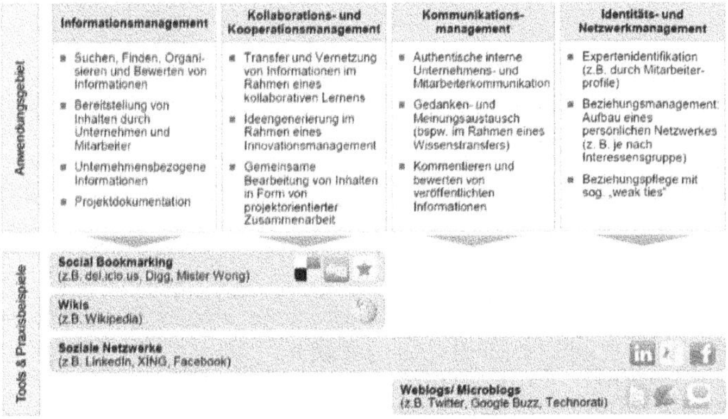

Quelle: Meissner/Yildiz/Kock et al. 2011, S. 3.

---

[4] Vgl. McAfee (2009); Vgl. Leonardi/Huysman/Steinfield (2013), S. 2 ff. Vgl. Langkamp/Köplin (2014), S. 68.
[5] Vgl. BITKOM (2008), S. 4.

Wie der Abbildung entnommen werden kann, können Interne Social-Media-Anwendungen in den verschiedenen Anwendungsgebieten Informationsmanagement, Kollaborations- und Kooperationsmanagement, Kommunikationsmanagement und außerdem im Identitäts- und Netzwerkmanagement eingesetzt werden. Welche Instrumente nun in den o.g. Anwendungsgebieten verwendet werden können und wozu genau diese Anwendungen dienen, wird die Autorin nun im Folgenden erläutern.

Social Networks

Social Networks, zu Deutsch soziale Netzwerke, sind online verbreitete Anwendungen, die grundsätzlich über Kontakte funktionieren. Durch das Hinzufügen von Kontakten können Gemeinschaften gebildet werden. Die Nutzer solcher Netzwerke können selber bestimmen wer Teil einer Gemeinschaft ist und wer geteilte Inhalte innerhalb dieser Gemeinschaft sehen kann.[6]

In Hinblick auf den Einsatz von Social-Media-Anwendungen im Unternemen können Mitarbeiter einer Unternehmung die Social Networks wie z.B. XING oder Facebook in allen der vier o.g. Anwendungsgebiete nutzen.

Wikis

Das Wiki wie z.B. wikipedia.de, ist eine Anwendung zur Erstellung und Bearbeitung von bestimmten Inhalten durch beliebige Nutzer. Somit dient das Wiki als eine Plattform, welche zur Suche und Darstellung von Wissen genutzt werden kann.[7]

Ein Wiki im Unternehmenskontext kann grundsätzlich für zuvor benannte Nutzer verfügbar gemacht werden und somit auch nur für bestimmte Projekte oder Geschäftsbereiche freigegeben und verwendet werden. Zudem dient das Wiki innerhalb eines Unternehmens zur Unterstützung zum Sammeln und Austauschen von Information oder auch zur Dokumentation von Erfahrungen, Anleitungen und Wissen.[8]

Aus diesen Feststellungen lässt sich ableiten, dass Wikis besonders hilfreiche Anwendungen im Bereich des Informations- und Kollaborationsmanagements darstellen.

---

[6] Vgl. Alby (2008), S. 118 f.
[7] Vgl. Enderle/Wirtz (2008), S. 37.; Vgl. Wirtz/Piehler/Mory (2012), S. 77.
[8] Vgl. Prinz (2014), S. 6.; Vgl. Krämer (2014), S. 43 ff.

Social Bookmarking

Unter Social Bookmarking werden Anwendungen verstanden, die zur Speicherung, Kategorisierung, Verwaltung und außerdem zum Austausch von elektronischen Lesezeichen zwischen verschiedenen Nutzern dienen.[9] Aufgrund der Tatsache, dass die Lesezeichen für verschiedene Nutzer oder Gruppen verfügbar gemacht werden können, können bestimmte Informationen zu Sammlungen zusammengefasst werden, sodass alle Mitarbeiter Informationen zu bestimmten Themen schnellstmöglich finden können.[10] Um diese Lesezeichen besonders schnell finden zu können, können für jedes Lesezeichen einzelne Schlagworte vergeben werden. Das Festlegen von solchen Schlagworten bezieht sich auf das Konzept „Social Tagging".[11]

Auf Basis dieser Erkenntnisse lässt sich schließen, das Social Bookmarking ebenfalls hilfreiche Anwendungen im Bereich des Informations- und Kollaborationsmanagements darstellen.

Weblog / Microblog

Weblogs (z.B. blogger.com) bzw. Microblogs (z.B. Twitter) dienen innerhalb eines Unternehmens als Kommunikationswerkzeug und können außerdem im Identitäts- und Netzwerkmanagement eingesetzt werden.[12]

Im Gegenteil zu einem Wiki ist ein Weblog bzw. Microblog ein veröffentlichter Beitrag, welcher nicht von anderen Nutzern bearbeitet werden kann. Weblogs können im Unternehmenskontext besonders hilfreich sein. Es besteht die Möglichkeit, dass bspw. Bekanntmachungen der Führungsebene oder auch Erfahrungsberichte von Mitarbeitern veröffentlicht werden.[13] Microblogs dienen als Ersatz zum Versenden von E-Mails oder auch der persönlichen Kommunikation, denn mithilfe von Microblogs können die Mitarbeiter auf schnellem Weg besonders präzise kommunizieren und Wissen austauschen.[14]

Instant Messaging

Das Instant Messaging wird in der o.g. Abbildung 1 nicht explizit aufgezeigt. Aufgrund der häufigen Anwendung im Unternehmenskontext, erscheint es

---

[9] Vgl. Koch/Richter (2009), S. 47.; Vgl. Bächle/Kolb (2012), S. 79.; Vgl Krämer (2014), S. 60.
[10] Vgl. Prinz (2014), S. 11.
[11] Vgl. Krämer (2014), S. 60 f.
[12] Vgl. Meissner/Yildiz/Kock et al. (2011), S. 3.; Vgl. Prinz (2014), S. 7 f.
[13] Vgl. Prinz (2014), S. 7 f.
[14] Vgl. Krämer (2014), S. 49.

der Autorin jedoch trotzdem als notwendig, diese Anwendung im nachfolgenden Abschnitt zu erläutern.

Das Ziel von Instant-Messaging-Anwendungen wie z.b. Skype ist eine synchrone Textkommunikation unter zwei oder mehreren Nutzern. Besonders nützlich ist hier die Möglichkeit, dass einzelne Nutzer die Online-Verfügbarkeit automatisch mitteilen können, denn so können die Mitarbeiter direkt erkennen ob der Gesprächspartner derzeit am Arbeitsplatz ist und somit für den Informationsaustausch verfügbar ist oder ggf. auf Grund eines Meetings o.ä. nicht erreichbar ist.

3 Vorteile des Einsatzes von unternehmensinternen Social-Media-Anwendungen

Der Einsatz von Enterprise 2.0, also der Einsatz von Sozialen Medien im Unternehmenskontext, kann bei einer optimalen Anwendung einige Vorteile mit sich bringen. Grundsätzlich wird hier von Kostenreduktionen und Produktionsgewinnen gesprochen. Eine neuartige Unternehmenskultur oder auch ein optimiertes Wissensmanagement, gelten ebenfalls als grundsätzliche Vorteile bei der Anwendung von unternehmensinternen Social-Media-Anwendungen.[15] Außerdem steigert der Einsatz von Social Media die Effizienz von Informationsprozessen.[16] Inwiefern sich diese Vorteile im Detail ergeben, wird die Autorin im Nachfolgenden erläutern.

Vorteile bei dem Einsatz von Social Networks

Social Networks wie z.b. Facebook schaffen durch das Erstellen von persönlichen Profilen eine besondere Transparenz im Unternehmen, da jeder Mitarbeiter seine Kompetenzen und Fähigkeiten detailliert aufzeigen kann. Zudem können die Mitarbeiter dadurch motiviert werden ihr Know-how weiterzugeben. Ein weiterer Vorteil ist, dass Unternehmen mithilfe von sozialen Netzwerken eine Kommunikation über Hierarchie- und Landesgrenzen problemlos möglich machen. Gemeint ist hier bspw. die Kommunikation innerhalb bestimmter Projekte um Erfahrungen auszutauschen. Alle nderungen und Ergänzungen während eines Projektes können genauestens Dokumentiert und festgehalten werden.[17]

---

[15] Vgl. Pfeiffer (2010), S. 76.
[16] Vgl. Meissner/Yildiz/Kock et al. (2011), S. 1.
[17] Vgl. Gebhardt (2011), S. 29.

Des Weiteren ist hervorzuheben, dass sich durch den Einsatz von Social Networks auch aus organisatorischer Sicht Vorteile ergeben, denn sie vereinfachen das Suchen von Experten indem das Adressbuch um ein Kontaktmanagement erweitert wird.[18]

Diese Vorteile zeigen eindeutig das Soziale Netzwerke durch eine grundlegend neue Selbstorganisation einen positiven Wandel in der Unternehmenskultur schaffen können.[19]

Vorteile bei dem Einsatz von unternehmensinternen Wikis

Der Einsatz von Wikis innerhalb des Unternehmens bringt einige Vorteile mit sich. Zum einen geben Wikis die Möglichkeit, die starre Unternehmenskommunikation wie bspw. den standardmäßigen E-Mail-Verkehr aufzulockern. Dies führt dazu, dass die Kollaboration, also die Zusammenarbeit innerhalb des Unternehmens, verstärkt wird.[20]

Ein weiterer Vorteil ist, dass durch die Anwendung von Wikis im Unternehmenskotext die Kosten für Mitarbeiterschulungen reduziert oder ggf. sogar vermieden werden können, da sich die Mitarbeiter eigenständig Wissen aneignen und weiterbilden können.[21]

Es sollte auch nicht unerwähnt bleiben, dass durch die einfache Handhabung und der damit idealerweise verbundenen verstärkten Nutzung, Wikis positiv dazu beitragen, dass keine Wissenslücken der Mitarbeiter entstehen können.[22]

Vorteile bei dem Einsatz von Social Bookmarking

Zum einen sind die verkürzten Recherchezeiten von Informationen durch die zuvor ausgewählten Internetseiten von anderen Nutzern bei der Anwendung von Social Bookmarking positiv zu bewerten. Vor allem die Lesezeichen von Mitarbeitern mit gleichem Interesse können bei der eigenen Suche nach Informationen für neue Ideen oder Anregungen besonders hilfreich sein. Die Vorteile einer besonders einfachen Handhabung und der

---

[18] Vgl. Prinz (2014), S. 7.
[19] Vgl. Gebhardt (2011), S. 29.
[20] Vgl. Szybalski (2005), S. 4.
[21] Vgl. Limoncelli (2006), S. 159.
[22] Vgl. Mayer/Schoeneborn (2008), S. 138.; Vgl. Back/Gronau/Tochtermann (2012), S. 50.

daraus resultierenden geringen Kosten können ebenfalls bei der Anwendung von Social Bookmarking festgestellt werden.[23]

<u>Vorteile bei dem Einsatz von Weblogs bzw. Microblogs</u>

Zum einen ermöglichen Weblogs bzw. Microblogs ein schnelles und unkompliziertes finden von Informationen oder Meinungen zu individuellen Themen.[24] Besonders bei Microblogs ist der Zeitaufwand zum Verfassen von Beiträgen so gering, dass Mitarbeiter diese Anwendung besonders häufig nutzen.[25] Dies wiederrum führt dann zu einer besonders hohen Transparenz im Unternehmen und somit auch zu einer verbesserten Zusammenarbeit der Mitarbeiter untereinander.[26]

Ein weiterer Vorteil entsteht durch die einfache Handhabung und Anwendung von Weblogs/Microblogs. Der geringe Aufwand bei der Integrativität in bereits existierende IT-Anwendungen führt dazu, dass die Kosten für die Einrichtung solcher Blogs im Unternehmen besonders gering gehalten werden können.[27]

<u>Vorteile bei der Anwendung von Instant Messaging</u>

Grundsätzlich lässt sich bei der Anwendung von Instant Messaging ein besonders ausschlaggebendes Vorteil festlegen und zwar ist hier die höhere Effizienz im Vergleich zu E-Mail und Telefon gemeint. Aufgrund der Tatsache, dass die Nutzer ihren Online Status im Messenger angeben können, ist die Erreichbarkeit eines Mitarbeiters direkt zu erkennen. Wartezeiten bspw. auf den telefonischen Rückruf können somit entscheidend vermieden werden.[28] Außerdem bieten einige Instant Messaging Anwendungen die Möglichkeit, zeitgleich mit mehreren Gesprächspartnern zu verschiedenen zu kommunizieren.[29]

Zudem ist hervorzuheben, dass Instant Messaging die Produktivität der Mitarbeiter, aufgrund der zeitgleichen Ausübung verschiedener Tätigkeiten, steigern kann.[30]

---

[23] Vgl. Laudon/Laudon/Schoder (2016), S. 677 f.; Vgl. Smolnik, Stefan/Riempp, Gerold (2006), S. 22.
[24] Vgl. Koch/Richter (2009), S. 28.; Vgl. Wood (2005), S. 8.
[25] Vgl. Java (2009), S. 119.;
[26] Vgl. Jue/Marr/Kassotakis (2010), S. 58 f.
[27] Vgl. Wood (2005), S. 3 f.; Vgl. Bendel (2006), S. 95.
[28] Vgl. Krämer (2014), S. 52.
[29] Vgl. Tipp (2008), S. 182 f.; Vgl. Prinz (2014), S. 9.
[30] Vgl. Krämer (2014), S. 52.; Vgl. Guerin/Stim (2013), S. 86.

Letztendlich ist auch bei Instant-Messaging-Anwendungen der Kostenaspekt zu berücksichtigen, denn durch die besonders einfache Integration der Anwendung in die bisherige IT-Struktur, fallen die Kosten für Investitionen sehr gering aus.[31]

4 Nachteile des Einsatzes von unternehmensinternen Social-Media-Anwendungen

Neben den zuvor aufgezeigten Vorteilen von Social-Media-Anwendungen im Unternehmenskontext ist es nun notwendig die Nachteile der o.g. Anwendungen darzustellen. Die Autorin wird daher im nachfolgenden detailliert auf die Nachteile der o.g. Anwendungen eingehen.

<u>Nachteile bei dem Einsatz von Social Networks</u>

Ein wesentlicher Nachteil bei der Anwendung von Social Networks ist der Aspekt des Datenschutzes und der Datensicherheit bzw. die Wahrung der Privatsphäre einzelner Nutzer. Werden diese Bestimmungen nicht eingehalten können dem Unternehmen selbst hohe Kosten entstehen.[32]

Da Social Networks vor allem auch privat genutzt werden ist es notwendig, dass die Unternehmen eine eindeutige Trennung zwischen dem privaten und dem geschäftlichen Gebrauch von Social Networks schaffen. Andernfalls entsteht die Gefahr, dass die Anwendungen nicht für den ursprünglichen Gebrauch genutzt werden.[33]

Eine weitere Voraussetzung und somit auch eine Herausforderung bei der Anwendung von Social Networks, ist die Schaffung und Aktualisierung von Inhalten. Diese können nur garantiert werden, wenn eine Mindestnutzeranzahl existiert. Kann diese Mindestnutzeranzahl nicht garantiert werden, läuft die Gefahr auf, dass die veröffentlichten Inhalte nicht mehr aktuell und ggf. auch nicht mehr korrekt sind. Daher ist es zwingend erforderlich das das Management der Unternehmung die Mitarbeiter zur Nutzung der Anwendung motivieren.[34]

---

[31] Vgl. Kopitsch (2004), S. 252 f.
[32] Vgl. Mathews (2007), S. 78.; Vgl. Boyd/Ellison (2007)
[33] Vgl. Krämer (2014), S. 60.
[34] Vgl. Koch/Richter (2009), S. 59.; Vgl. Back/Gronau/Tochtermann (2009), S. 74.

Nachteile bei dem Einsatz von unternehmensinternen Wikis

Auch bei der Anwendung von unternehmensinternen Wikis sind neben der in Kapitel 3 genannten Vorteile gewisse Nachteile bzw. Herausforderungen zu berücksichtigen.

Zum einen ist bei dem Einsatz von Wikis im Unternehmenskontext zu beachten, dass diese nur funktionieren, wenn sich die Mitarbeiter aktiv an der Bereitstellung von Informationen beteiligen. Es ist notwendig dass die Mitarbeiter vor der Einführung solcher Wikis eingearbeitet und zudem motiviert werden Inhalte zu teilen.[35]

Ein weiterer Nachteil entsteht bei der ständigen Kontrolle und Pflege der veröffentlichten Daten innerhalb des unternehmensinternen Wikis. Es ist wichtig, dass die Inhalte ständig aktualisiert sind und der Wahrheit entsprechen. Aufgrund der großen Menge an Daten, kann dies allerdings ein großer Aufwand für die verantwortlichen Mitarbeiter darstellen und ggf. nicht ausreichend abgedeckt werden. Dies wiederrum kann zu einer sinkenden Produktivität führen.[36]

Nachteile bei dem Einsatz von Social Bookmarking

Aufgrund der Tatsache das Social Bookmarking auf Schlagworten basiert, ergibt sich hier eine besondere Herausforderung für Unternehmen. Schlagworte können mehrdeutig oder auf verschiedenen Sprachen festgelegt werden. Zudem können bei der Erfassung von Schlagworten versehentlich Rechtschreibfehler auftreten ohne dass diese bemerkt werden.[37]

Diese unterschiedlichen Arten von Schlagworten können dann dazu führen, dass einige Lesezeichen nicht gefunden werden können, obwohl sie grundsätzlich besonders hilfreich oder wichtig sein könnten.

Damit die Lesezeichen also schnell gefunden werden können, ist es unabdingbar eine einheitliche Schreibweise von Schlagworten innerhalb des Unternehmens festzulegen, genau dies scheint allerdings eine besondere Herausforderung für Unternehmen zu sein.[38]

---

[35] Vgl. Koch/Richter (2009), S. 39 f.
[36] Vgl. Koch/Richter (2009), S. 39.; Vgl. Back/Gronau/Tochtermann (2012), S. 50 ff.
[37] Vgl. Braun/Zacharias/Happel (2008), S. 63 f.
[38] Laudon/Laudon/Schoder (2016), S. 677.

<u>Nachteile bei dem Einsatz von Weblogs bzw. Microblogs</u>

Der womöglich am häufigsten genannte Nachteil bei der Anwendung von Weblogs, bezieht sich auf die Produktivität der Mitarbeiter. Davenport beschreibt diesen Aspekt wie folgt:

> „Perhaps the biggest problem for blogging is the time it takes to read and write blogs. If anything this tool has detracted from productivity, not increased it.“[39]

Die Erstellung von Weblogs ist besonders zeitaufwendig, somit entsteht also die Gefahr das die Produktivität der Mitarbeiter eher sinkt, als steigt. Zudem könnte die Einführung von Weblogs, Probleme bei der Einrichtung bzw. bei der Auswahl einer geeigneten Technologie mit sich bringen, da zahlreiche Möglichkeiten von Systemen verfügbar sind. [40]

Ein Nachteil, welcher sich speziell auf das Microblogging bezieht, ist die Herausforderung ein aktives Netzwerk aufzubauen. Es ist notwendig, dass die Anwendungen regelmäßig auf allen Hierarchieebenen genutzt werden.[41]

<u>Nachteile bei der Anwendung von Instant Messaging</u>

Ein wesentlicher Nachteil bei dem unternehmensinternen Einsatz von Instant Messaging entsteht bei der Vereinbarkeit mit der Unternehmenskultur. Aufgrund der Tatsache das Instant Messaging bereits vielfältig im privaten Umfeld genutzt wird, entsteht die Gefahr, dass die Mitarbeiter Instant Messaging ggf. für private Zwecke nutzen. Dies wiederrum kann dann zu einer sinkenden Produktivität im Unternehmen führen. Um dies verhindern zu können, muss durch das Management einige Richtlinien in Abhängigkeit von der Unternehmenskultur in Bezug auf die Anwendung von Instant Messaging festgelegt werden. Diese Richtlinien festzulegen bzw. die Einhaltung dieser Richtlinien zu garantieren, können für das Management einige Herausforderungen mit sich bringen.[42]

---

[39] Davenport (2005), S. 108.
[40] Vgl. Koch/Richter (2009), S. 29.
[41] Vgl. Borges (2009), S. 206 ff.; Vgl. Argenti/Barnes (2009), S. 94.
[42] Vgl. Koch/Richter (2009), S. 69.

5 Kritische Würdigung

Der Einsatz von Social Media im Unternehmen kann, wie bereits in Kapitel 3 erwähnt, grundsätzlich viele Vorteile mit sich bringen. Anhand der Erläuterungen lässt sich ableiten, dass zum einen bei dem Großteil der o.g. Anwendungen die Einfachheit der Nutzung von Social Media im Unternehmen im Vordergrund steht. Aufgrund der Tatsache das Social Media bereits im privaten Umfeld erfolgreich und außerdem problemlos genutzt wird, stellt die Anwendung im Unternehmen für die Mitarbeiter keine Probleme mehr dar. Für diejenigen die mit Social Media weniger bekannt sind, ist die Nutzung von Social Media kurzfristig und in wenigen Schritten erlernbar. Somit können in kurzer Zeit auf einfachen Weg Unmengen an Informationen verarbeitet und innerhalb der Unternehmung veröffentlicht bzw. geteilt werden.

Der entscheidende Punkt ist hier jedoch die große Menge an Informationen, auch Informationsflut oder Big Data genannt. Diese Informationsflut gilt es zunächst zu bewältigen bzw. es ist zwingend erforderlich, dass die tatsächlich relevanten Informationen gefiltert werden, um die Mitarbeiter nicht mit zu vielen Informationen zu überfordern bzw. um die Produktivität der Mitarbeiter nicht zu senken.[43]

Ein weiterer Vorteil der sich auf einige der o.g. Anwendungen bezieht ist der geringe Kostenaufwand. Die Einführung der Social-Media-Anwendungen im Unternehmen kann grundsätzlich mit geringem Kapital erfolgen bzw. können ggf. sogar Kosten im Vergleich zu der ursprünglich eingesetzten Software eingespart werden. Dieser Aspekt kann Unternehmen dann dazu verleiten die neuen Social Media Anwendungen schnellstmöglich einführen zu wollen. Problematisch könnte es allerdings werden, wenn der Aspekt der Datensicherung bzw. des Datenschutzes in Vergessenheit gerät. Sollten gegen diese Rechte verstoßen werden, können ggf. rechtliche Folgen auf das Unternehmen zukommen. So könnte sich der zuvor kostengünstige Einsatz von Social Media im Unternehmen zu einem sehr kostenintensiven Einsatz entwickeln.[44]

---

[43] Vgl. Rüffler (2014), S. 33.
[44] Vgl. Krämer (2014), S. 37 ff.

6   Fazit

In der Einleitung dieser Seminararbeit wurde bereits darauf hingewiesen, warum eine Auseinandersetzung des Themas Social-Media-Anwendungen im Unternehmenskontext so wichtig erscheint. Es ist offensichtlich, dass die Sozialen Medien bereits erfolgreich im externen Unternehmensumfeld für Zwecke eingesetzt werden können. Allerdings gibt es auch einige Anwendungen die erfolgreich für interne Zwecke im Unternehmen eingesetzt werden können. Welche Vor- und Nachteile sich bei dem Einsatz dieser Anwendungen für das Unternehmen ergeben, wurde aufgrund dieser Überlegungen ausführlich erläutert.

Die Autorin hat die Vor- und Nachteile der folgenden unternehmensinterne Social-Media-Anwendungen aufgezeigt:

- Social Networks (zu Deutsch: Soziale Netzwerke)
- Wikis
- Social Bookmarking
- Instant Messaging
- Weblogs/ Microblogs

Dabei konnte grundsätzlich festgestellt werden, dass sich Vorteile wie eine einfache Nutzung bzw. geringe Nutzungshürden sowie ein geringer Kostenaufwand bei allen Anwendungen durchsetzen konnten. Trotz alledem sollten Unternehmen auch die Herausforderungen wie den Datenschutz oder auch die Informationsflut berücksichtigen. Denn dies ist zwingend notwendig, um einen erfolgreichen Einsatz im Unternehmen zu garantieren.

- Alby, Tom (2008), Web 2.0. Konzepte, Anwendungen, Techno-logien, 3. Aufl., München.
- Argenti, Paul A./Barnes, Courtney M. (2009), Digital strategies for powerful corporate communications, New York, NY.
- Bächle, Michael/Kolb, Arthur (2012), Einführung in die Wirt-schaftsinformatik, 3. Aufl., München.
- Back, Andrea/Gronau, Norbert/Tochtermann, Klaus (2009), Web 2.0 in der Unternehmenspraxis. Grundlagen, Fallstudien und Trends zum Einsatz von Social Software, 2. Aufl., München.
- Back, Andrea/Gronau, Norbert/Tochtermann, Klaus (2012), Web 2.0 und Social Media in der Unternehmenspraxis. Grundlagen, Anwendungen und Methoden mit zahlreichen Fallstudien, 3. Aufl., München.
- Bärmann, Frank (2012), Social Media im Personalmanagement. Facebook, Xing, Blogs, Mobile Recruiting und Co. erfolgreich einsetzen, 1. Aufl., Heidelberg, Hamburg.
- Bendel, Oliver (2006), Social Software als Mittel des Wissens-managements in KMU, in: Belliger, Andréa/Krieger, David (Hrsg.), Wissensmanagement für KMU, Zürich, S. 93-110.
- BITKOM (2008), Enterprise 2.0 - auf der Suche nach dem CEO 2.0. Neue Unternehmensphilosophie gewinnt Konturen, Berlin, https://www.bitkom.org/noindex/Publikationen/2009/Positionspa pier/Enterprise-2-0-auf-der-Suche-nach-dem-CEO-2-0/BITKOM-Positionspapier-Enterprise201.pdf, Zugegriffen: 04.07.2017.
- Borges, Bernie (2009), Marketing 2.0. Bridging the gap between seller and buyer through social media marketing, Tucson Az.
- Boyd, Danah/Ellison, Nicole (2007), Social Network Sites. Defi-nition, History, and Scholarship, in: Journal of Computer-Mediated Communication, Vol. 13, S. 210–230.
- Braun, Simone/Zacharias, Valentin/Happel, Hans-Jörg (2008), Social Semantic Bookmarking, in: Yamaguchi, Takahira (Hrsg.), Practical aspects of knowledge management. 7th international conference, PAKM 2008, Yokohama, Japan, November 22 - 23, 2008 ; proceedings, Berlin, S. 62-73.

- Davenport, Thomas H. (2005), Thinking for a living. How to get better performance and results from knowledge workers, Boston, Mass.

- Enderle, Martin/Wirtz, Bernd (2008), Weitreichende Weitreichende Veränderungen - Marketing im Web 2.0, in: absatzwirtschaft - Zeitschrift für Marketing, S. 36-39.

- Gebhardt, Birgit (2011), Diskurs als Unternehmenskultur ? Wie Enterprise 2.0 Unternehmen revolutioniert, in: Marketing Review St. Gallen, Vol. 28, S. 28–35.

- Geißler, Cornelia (2010), Was sind ... Social Media?, in: Harvard Business Manager.

- Guerin, Lisa/Stim, Richard (2013), Smart policies for workplace technologies. Email, blogs, cell phones & more, 3. Aufl., Berkeley, CA.

- Java, Akshay (2009), Why We Twitter: An Analysis of a Microblogging Community, in: Zhang, Haizheng/Spiliopoulou, Myra/Mobasher, Bamshad/Giles, C. Lee/McCallum, Andrew/Nasraoui, Olfa/Srivastava, Jaideep/Yen, John (Hrsg.), Advances in web mining and web usage analysis. 9th International Workshop on Knowledge Discovery on the Web, WebKDD 2007 and 1st International Workshop on Social Networks Analysis, SNA-KDD 2007, San Jose, CA, USA, August 12 - 15, 2007 ; revised papers, Berlin, S. 119-138.

- Jue, Arthur L./Marr, Jackie Alcalde/Kassotakis, Mary Ellen (2010), Social media at work. How networking tools propel organizational performance, 1. Aufl., San Francisco, Calif.

- Koch, Michael/Richter, Alexander (2009), Enterprise 2.0. Planung, Einführung und erfolgreicher Einsatz von Social Software in Unternehmen, 2. Aufl., München.

- Kopitsch, Friedrich (2004), I&C Technologien für ein Real-Time Enterprise (RTE), in: Kuhlin, Bernd/Thielmann, Heinz (Hrsg.), Real-Time Enterprise in der Praxis. Fakten und Ausblick, Berlin, Heidelberg, S. 225-262.

- Krämer, Johannes (2014), Mittelstand 2.0. Typabhängige Nutzungspotenziale von Social Media in mittelständischen Unternehmen, Zugl.: Bamberg, Otto-Friedr.-Univ., Diss., 2014, Wiesbaden.

- Langkamp, Kathrin/Köplin, Thomas (2014), Social Media im Unternehmen - Man muss es wollen, in: Rogge, Christine/Karabasz, Ralf (Hrsg.), Social Media im Unternehmen- Ruhm oder Ruin. Erfahrungslandkarte einer Expedition in die Social Media-Welt, Wiesbaden, S. 67-75.
- Laudon, Kenneth C./Laudon, Jane Price/Schoder, Detlef (2016), Wirtschaftsinformatik. Eine Einführung, 3. Aufl.
- Leonardi, Paul M./Huysman, Marleen/Steinfield, Charles (2013), Enterprise Social Media. Definition, History, and Prospects for the Study of Social Technologies in Organizations, in: Journal of Computer-Mediated Communication, Vol. 19, S. 1–19.
- Limoncelli, Tom (2006), Zeitmanagement für Systemadministratoren. Title from resource description page (viewed April 22, 2009). - "Übersetzung: Peter Klicman" --P. iv. - Includes index, 1. Aufl., Köln.
- Mathews, Carrie (2007), The Power of the Many, in: CIO – Business Technology Leadership, Vol. 20, S. 78-80.
- Mayer, Florian/Schoeneborn, Dennis (2008), WikiWebs in der Organisationskommunikation, in: Stegbauer, Christian/Jäckel, Michael (Hrsg.), Social Software. Formen der Kooperation in computerbasierten Netzwerken, Wiesbaden, S. 135-154.
- McAfee, Andrew (2009), Enterprise 2.0. New collaborative tools for your organization's toughest challenges, Boston, Mass.
- Meissner, Michael/Yildiz, Bedrettin/Kock, Jan-Henning/Bodenbenner, Philipp (2011), Geschäftsprozesse mit Social Media effizienter gestalten. Der CIO als treibende Kraft, Bonn, https://www.detecon.com/sites/default/files/DEB-Geschaeftsprozesse-mit-Social-Media-effizienter-gestalten-2011.pdf; Zugegriffen: 04.07.2017.
- Petry, Thorsten/Schreckenbach, Florian (2013), Enterprise 2.0 Transformation. Social Media unternehmensintern nutzen, Vol. 82, S. 237 - 244.
- Pfeiffer, Sabine (2010), Enterprise 2.0 - Chance oder Risiko. Warum Enterprise 2.0 gerade für KMU eine strategische Chance ist, in: Eberspächer, Jörg/Holtel, Stefan (Hrsg.), Enterprise 2.0. Unternehmen zwischen Hierarchie und Selbstorganisation, Berlin, Heidelberg, S. 75-93.

- Prinz, Wolfgang (2014), Konzepte und Lösungen für das soziale Internet, in: Rogge, Christine/Karabasz, Ralf (Hrsg.), Social Media im Unternehmen- Ruhm oder Ruin. Erfahrungslandkarte einer Expedition in die Social Media-Welt, Wiesbaden, S. 1-17.

- Rüffler, Klaus (2014), Kulrutveränderung durch Einführung von Social Media, in: Rogge, Christine/Karabasz, Ralf (Hrsg.), Social Media im Unternehmen- Ruhm oder Ruin. Erfahrungslandkarte einer Expedition in die Social Media-Welt, Wiesbaden, S. 19-34.

- Smolnik, Stefan/Riempp, Gerold (2006), Nutzenpotentiale, Erfolgsfaktoren und Leistungsindikatoren von Social Software für das organisationale Wissensmanagement, in: HMD Praxis der Wirtschaftsinformatik, Vol. 43, S. 17-26.

- Szybalski, Andy (2005), Why it's not a wiki world (yet), http://citeseerx.ist.psu.edu/viewdoc/summary?doi=10.1.1.104.47 09, Zugegriffen: 04.07.2017.

- Tipp, Anika (2008), Doing being present. Instant Messaging aus interaktionssoziologischer Perspektive, in: Stegbauer, Christian/Jäckel, Michael (Hrsg.), Social Software. Formen der Kooperation in computerbasierten Netzwerken, Wiesbaden, S. 175-193.

- Treem, Jeffrey W./Leonardi, Paul M. (2016), Social Media Use in Organizations. Exploring the Affordances of Visibility, Editability, Persistence, and Association, in: Annals of the International Communication Association, Vol. 36, S. 143–189.

- Wirtz, Bernd W./Piehler, Robert/Mory, Linda (2012), Web 2.0 und digitale Geschäftsmodelle, in: Lembke, Gerald/Soyez, Nadine (Hrsg.), Digitale Medien im Unternehmen. Perspektiven des betrieblichen Einsatzes von neuen Medien, Berlin, Heidelberg, S. 67-82.

- Wood, Lauren (2005), Blogs & Wikis: Technologies for Enterprise Applications?, in: The Gilbane Repor, Vol. 12, S. 1-9.